Francis Bélime

Les gazouillis de l'enfance

Illustrations et mise en page : Francis Bélime

Titre : Les gazouillis de l'enfance

Auteur : Francis Bélime

Genre : Poésie/Haïkus

Edition originale 2026

Dépôt légal - 2026
Bibliothèque et Archives nationales du Québec
Bibliothèque et Archives Canada

À ma petite-fille Maëlle

Avant-propos

Le jour de mon anniversaire, ma fille Léa m'annonce qu'elle attend un enfant. Le plus beau des cadeaux, sans doute. Mais rien ne m'avait préparé à l'émotion ressentie lorsque j'ai découvert, pour la première fois, ce tout petit bébé dans son couffin.

À la suite de ce choc émotionnel, le temps s'est mis à battre autrement. Mes jours se sont accordés au présent, au rythme d'un regard, d'un sourire, ou d'un premier pas de la petite Maëlle.

Avec ses yeux bleus et ses jolies bouclettes blondes, elle me fait vivre des moments de pur bonheur. J'ai voulu les saisir tant ils sont fragiles et parce qu'ils passent trop vite.

Le choix du haïku s'est imposé pour raconter cette vibrante aventure de grand-papa. Ces poèmes brefs ont l'indéniable pouvoir de capter l'instant et de sublimer les émotions qui jaillissent de ses premiers plaisirs et de ses premiers émois.

Préface

Il y a des livres qui racontent une histoire. Puis il y a ceux qui retiennent le temps, comme on recueille de l'eau dans le creux des mains. Ce manuscrit appartient à cette seconde famille.

fumée blanche
sur le toit de la maternité
petite-fille

À travers une succession de haïkus, Francis Bélime nous invite à suivre une vie qui naît, grandit, trébuche, s'émerveille. Rien n'est expliqué, rien n'est appuyé : tout est suggéré, dans la délicatesse d'un regard aimant – celui d'un grand-père, témoin privilégié de l'enfance.

en lévitation
dans ce tout petit berceau
le sang de mon sang

Chaque fragment est une photographie sensible : un berceau, une première dent, un jeu, une peur, un mot balbutié, une main agrippée, une victoire.

immense fierté
de dompter un escalier
la marche à suivre

La force de ce recueil réside dans sa simplicité assumée. Ici, le quotidien devient matière poétique. Les gestes ordinaires – donner le biberon, pousser une balançoire, lire une comptine – prennent une dimension universelle.

strophe oubliée
dans la comptine du soir
elle me sermonne

Chacun peut s'y reconnaître : parent, grand-parent, lecteur attentif aux traces laissées par ceux et celles qui ont essuyé nos gros chagrins et nous ont aimés.

un peu de baume
sur les genoux écorchés
l'école de la rue

Ce livre est une déclaration silencieuse : celle d'un amour qui s'installe, jour après jour, dans la découverte et l'émerveillement. Un regard neuf de grand-père posé sur les premiers pas, les premiers mots, les premières fois.

première bougie
le grand-père un peu ému
retient son souffle

Ces pages ne cherchent pas à retenir le temps ni à le précéder. Elles l'accompagnent, tout simplement, à hauteur d'enfant, avec la patience et la tendresse de ceux qui savent que tout commence à peine.

au petit matin
ses yeux plus brillants
que le sapin

Lorsque vous lirez ce dernier haïku, empreint de l'attendrissement d'un grand-père pour sa petite-fille, nul ne saura si ces vœux viennent de lui... ou déjà de l'enfant.

auteure en herbe
elle ramasse avec grand soin
une plume d'oie

Diane DESCÔTEAUX
Janvier 2026

Premiers jours

L'attente a été longue.
Aurais-je pu seulement imaginer qu'un grand-papa, comme un papa anxieux, puisse faire encore une fois les cent pas ?
Pourtant, en ce 19 mai, le futur grand-père arpente nerveusement les rues de Montréal. Pour respirer mais surtout pour essayer d'oublier ce qui se passe à la maternité...
Quand un appel libérateur annonce l'arrivée d'une petite fille, les larmes de joie ont la saveur d'une belle journée de printemps.

La vie aura définitivement les senteurs d'un nouveau parfum.

fumée blanche
sur le toit de la maternité
petite-fille

en lévitation
dans ce tout petit berceau
le sang de mon sang

tous émerveillés
autour du landau
un joli minois

un gazouillis
il reste presque sans voix
grand-papa

fille ou garçon
les mêmes battements
de cœur

douce nuit
le marchand de sable
au bord de son lit

heure de la sieste
sur son papi endormi
rictus de plaisir

en tête à tête
écouter une berceuse
chaise à bascule

perplexe
devant la table à langer
lointains souvenirs

gestes maladroits
au changement de couche
dans le caca

heure du biberon
la peur de mal faire
soudain m’envahit

un bébé joufflu
dans les bras de papi
cadeau de Noël

nez à nez
elle tire la langue
au chat

soir de réveillon
langés devant la crèche
deux petits Jésus

25 décembre
sous une barbe soignée
le grand-père Noël

vœux du nouvel an
aux jeunes parents
un petit frère

tour de garde
mamie met les petits pots
dans les grands

au jardin public
des passants s'émerveillent
fiers grands-parents

chemin blanc
derrière les poussettes
des cheveux gris

emmitouflée
juste le bout du nez
au froid hivernal

jeu de chatouilles
dans son sourire éclatant
une première dent

automne de ma vie
dans la barboteuse
un grand soleil

debout dans le lit
entre cris et babillements
premiers rêves

visite familiale
tout le monde s'extasie
elle dort

si belle
avec ses bouclettes
en pyjama rose

divine surprise
une blonde aux yeux bleus
parmi les bruns

devant le sapin
comme la guirlande
ses yeux clignotent

devant le berceau
tout le monde veut son bout
de ressemblance

printemps précoce
dans la rue les landaus
sont de sortie

au parc d'enfant
les passants félicitent
les grands-parents

je l'avais rêvée
mais jamais aussi belle
pleine lune

Premiers pas

Après les cent pas devant la maternité, on saute directement aux premiers pas du chérubin.

Celui qui depuis quelques semaines rampe avec une énergie folle dans toute la maison et grimpe sur tout ce qui lui permet de prendre un peu de hauteur, se lance dans la grande aventure.

Dans un équilibre très instable mais avec l'envie de réussir, le bébé rejoint dans un effort surhumain la grande confrérie des bipèdes et va désormais pouvoir défier son grand-père !

éternelle lutte
contre la gravité
rester debout

tomber à nouveau
et se relever encore
sans mot dire

dans le grand salon
le trotteur va et vient
comme un cheval fou

à quatre pattes
toutes ces années qui pèsent
sur le grand-père

fébrile
après valses-hésitations
lui lâcher la main

fascinée
par la souris de l'ordi
Minnie Mouse

dents du bonheur
d'un sourire malicieux
croquer dans la vie

sa petite main
au creux de la mienne
passage de témoin

chez grand-maman
sur le beau parquet ciré
course de patins

au salon
bébé et son papi
piquent du nez

immense fierté
de dompter un escalier
la marche à suivre

crise de nerf
les petites roulettes
c'est du passé

juste deux roues
première sensation
de liberté

jeu de saute-mouton
dans le jardin familial
le poids des ans

triomphante
sur la marche d'escalier
soirée des césars

tournoyant au parc
autour des grand-mères
festival de cannes

un peu de baume
sur les genoux écorchés
l'école de la rue

en zigzag
dans le long corridor
courir enfin

allers-retours
dans les allées du parc
le souffle court

coucher de soleil
main dans la main
nos deux ombres

tête haute
pour cueillir la lune
nos petits pas

à la marelle
la leçon pleine de fougue
de grand-maman

course en sac
papi si rapidement
dans les patates

papi s’écroule
dès le premier lancer
ballon chasseur

petit singe
sur un arbre perchée
grosse frayeur

va-et-vient
au jardin public
balançoire

premiers défis
elle court déjà après
après un garçon

téméraire
debout sur une chaise
toisant le monde

rayonnante
elle gagne la course
avec un chiot

première neige
se hasarder à petits pas
mal assurés

puis un jour
les traces s'effaceront
ainsi va la vie

Premiers mots

Quelle famille n'a pas épié, attendu, espéré le premier mot ?
Lorsqu'un premier « maman » puis un délicieux « papa » mettent fin à la période drôle et amusante des gazouillis, toute la famille est gonflée de fierté. Comme si un miracle venait de se produire.
Chez les grands-parents, on a appris la patience avec le temps. Il flotte cependant dans l'air comme un petit défi, à savoir si la petite merveille prononcera « papi » ou « mamie » en premier... un grand suspense qui, au-delà de flatter les égos, pimente les discussions du quotidien.

réveil joyeux
les gazouillis des oiseaux
et du bébé

effort surhumain
elle accouche fièrement
d'un tout premier mot

les yeux dans les yeux
dans un élan de tendresse
dire maman

tête-à-tête
avec le chat du voisin
dialogue de sourd

dans les bois
une suite de pourquoi
la pie qui chante

papa aujourd'hui
et dire papi demain
deux mots d'amour

mimique mutine
opération séduction
à cœur ouvert

poids plume
imitant en sautant
le chant des oiseaux

grand-père
lui lit des haïkus
la magie des mots

derrière les blablas
ses yeux brillants d'envie
rêve d'enfant

pointant le doigt
vers la pleine lune
bouche bée

tout emporter
avec fougue et passion
château de cartes

jeu de lettres
à la maison de retraite
mémoire vive

strophe oubliée
dans la comptine du soir
elle me sermonne

mots croisés
trier les consonnes
et les voyelles

heure du coucher
susurrer une comptine
d'un autre temps

le verbe haut
déjà prête aux futures
joutes oratoires

avec autorité
elle imite sa maman
qui la gronde

premier gros mot
les gros yeux des parents
au papi gêné

maternelle
en route vers le savoir
d'un pas décidé

devant la classe
la jeune maîtresse
si belle

avant le dodo
essayer d’avoir toujours
le mot de la fin

fascinée
le livre de la jungle
passe en boucle

partie de Scrabble
les mots pleins d'amour
de papi et mamie

chandeleur
elle compte les crêpes
que papa mange

livre d'images
les animaux de la ferme
passent en revue

à deux sur le mur
trouver les mots simples
racontant la vie

chou ou rose
ses questions pertinentes
qui embarrassent

jeu de mots
répété tout ce qui se dit
comme un perroquet

de sa chaise haute
elle chante à tue-tête
artiste en herbe

lecture du soir
les envolées poétiques
de papi

AMOUR
EMOIS
RIRE

Premiers plaisirs

Le rôle de grand-parent est d'une grande simplicité. Il autorise à prendre chez un petit enfant ce qui est bon et à laisser aux parents le soin de s'occuper du reste. Ainsi, tout devient question de bien gérer ce plaisir qui nous tend les bras à chaque visite.
Un rayon de soleil qu'il faut apprécier sans compter... tout en évitant d'avouer aux parents qu'on n'a pas tout à fait respecté les consignes préalablement énoncées.

droit devant
sur son petit tricycle
tête baissée

Épiphanie
tous les convives
veulent la reine

première bougie
le grand-père un peu ému
retient son souffle

devant le gâteau
son large sourire
à une seule dent

jeux dans le bain
de la mousse blanche
sur la moustache

crème glacée
son petit minois
chocolaté

cours de danse
dans son beau tutu rose
la fleur de l’âge

confiture
sur le bord des lèvres
braver l'interdit

espiègle
dans le dos de papi
un poisson d'avril

d'un seul souffle
un nuage de bonheur
sucre vanillé

collée à l'écran
le livre de la jungle
vieillit si bien

dans la niche
blottie contre le chien
premiers frimas

plaisirs sucrés
bouts de fraise écrasés
sur son petit nez

autour de la bouche
des traces de Nutella
premier péché

mer d'huile
dans le château de sable
ma petite reine

cours de maths
compter les petits canards
au bord du lac

son reflet brouillé
dans une flaque d'eau
un monde nouveau

morte de rire
elle croque dans la pomme
à pleines dents

courir dans le vent
pour attraper le temps
première neige

face au miroir
joyeuse complicité
grimaces à deux

au petit matin
ses yeux plus brillants
que le sapin

rassurée
dans les bras de papa
petit cauchemar

en petite fée
parmi tous les lutins
carnaval

à la patinoire
ses premières pirouettes
me glacent le sang

boules de neige
avec les petits voisins
une jolie bataille

repas du soir
la soupe à la grimace
devant le brocoli

dans la piscine
faire des éclaboussures
la bouille réjouie

arrêt au zoo
devant la cage aux primates
singeries

sirop d'érable
sur la crêpe toute chaude
gourmandise

deux générations
sur un air entrainant
danse de salon

heure du goûter
ses yeux doux quémandent
un bonbon

Premiers émois

Puis au fil des mois, le bébé se transforme petit à petit en une charmante petite fille. Un être éveillé et sensible qui découvre la vie et se construit un univers affectif, siège de ses premières émotions. On accueille alors des joies et des peines. On devient témoin de ces petits chagrins qui jalonnent le quotidien et des plaisirs qui éclairent la vie.
Le grand-père se transforme en confident et souvent en « papi gâteau » qui sait offrir, lorsque nécessaire, une oreille pour écouter et une épaule réconfortante sur laquelle se poser.

rayon de lumière
sur ses fines épaules
des boucles d'or

confidences
dans les bras de mamie
le réconfort

un gros câlin
avec son petit frère
le chat ronronne

sommeil profond
serré contre son cœur
un petit lion

chagrin d'enfant
de ses beaux yeux bleus
glisse une larme

terreur nocturne
à mon arrivée
un sourire d'ange

jour de pluie
rires et éclaboussures
à la marelle

à cache-cache
sa petite couette blonde
au-dessus des blés

cour de l'école
parmi tous les visages
un petit garçon

seul dans le jardin
le bonhomme de neige
froid glacial

auteure en herbe
elle ramasse avec grand soin
une plume d'oie

comme deux grands
au jardin des plantes
Vénus et Mars

inconsolable
sous le grand saule pleureur
chagrin d'amour

si craquante
dans sa jupe fleurie
premiers bourgeons

pleine de vie
un bain de feuilles mortes
au déclin du jour

rouge de colère
sur ses petits poings serrés
une coccinelle

gracieuse
sur sa robe à fleur
un papillon

à bicyclette
sur le porte-bagage
elle m'encourage

mer déchaînée
au-dessus des vagues
ses cheveux bouclés

dernier soir
la permission de télé
enfin accordée

grosses larmes
dans les bras de maman
deux cœurs battants

sommeil profond
sous son oreiller
une petite dent

coquillage
au creux de l’oreille
le bruit de la mer

au soleil couchant
nos regards se croisent
un air de famille

dernier jour
sans penser à demain
jouer encore

fin des vacances
le cri du silence
dans la maison vide

heure du départ
elle agite sa menotte
cruel au revoir

regards embués
et gestes de tendresse
va, vis et deviens

Table des matières

Remerciements

Si un auteur peut être parfois en mal d'inspiration, ma petite-fille Maëlle, avec ses boucles blondes et son caractère déjà bien trempé, est une source inépuisable d'idées.

Ce cadeau de la vie, je le dois à ses parents, Léa et Olivier. Je ne saurai jamais comment leur témoigner autant d'amour en retour que leur enfant m'en donne au quotidien.

La mamie Armelle mérite aussi d'être mentionnée. Pour sa patience et sa bienveillance envers moi pour le temps passé sur mon clavier et pour son sourire radieux quand je lui partageais mes dernières trouvailles sur notre petite-fille.

Enfin, merci la vie ! Elle qui sait si bien nous cabosser, parfois durement, puis se rappeler à nous dans le fracas d'une magnifique vague d'émotions.

Autres publications de l'auteur

Recueils de poésie (Éditions Art Global - Canada)

- Déraciné
- Derrière les masques
  (avec Noémie Bélime, illustratrice)

Recueils collectifs de nouvelles et de poésie (France)

- La poésie buissonnière - Les poètes.net
- Histoires hétéroclites en mouvement
  Association haut-marnaise des écrivains (AHME)
- Regards croisés - Editions du Fol Asile

Recueils collectifs de haïkus

- Printemps en hiver - Collectif haïkus et climat
  Les éditions du cap
- La goutte d'eau du colibri - Collectif haïkus et climat
  Editions Krôki
- A bicyclette - Collectif de haïkus - Éditions pippa
- Mers...Si - Collectif de haïkus - Éditions Rêvidence
- D'amour et d'eau fraiche - Collectif de haïkus
  Les agences de l'eau

www.ingramcontent.com/pod-product-compliance
Lightning Source LLC
LaVergne TN
LVHW011049110826
845149LV00015B/3418

* 9 7 8 2 9 8 2 4 4 5 7 0 3 *